ALADIN

und die Wunderlampe

Nacherzählung und Übungen
von Jane Cadwallader

Illustrationen von Gustavo Mazali

Erste ELI Lektüren

▶ 2 **D**as sind Aladin und sein Affe Alex. Alex liebt Obst. Aladin liebt die Prinzessin Bulbul! Die Prinzessin sitzt mit ihrem Tiger Toni im Garten und isst Obst. Aladin sieht ihr zu.

3

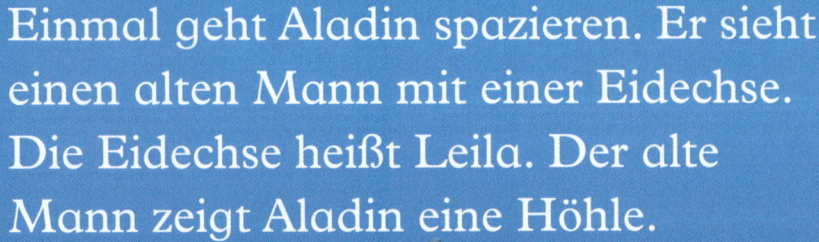

Einmal geht Aladin spazieren. Er sieht einen alten Mann mit einer Eidechse. Die Eidechse heißt Leila. Der alte Mann zeigt Aladin eine Höhle.

In der Höhle steht eine alte Lampe. Bringst du sie mir bitte?

Aladin geht in die Höhle und sucht
die Lampe. Der alte Mann ist
freundlich, aber eigentlich ist er ein
böser Zauberer. Er wartet oben
und lacht glücklich.

Aladin läuft und läuft. Plötzlich sieht er Stühle, Bilder, Uhren und Spiegel. Alles ist aus Gold! Er findet die Lampe unter einem alten Teppich.

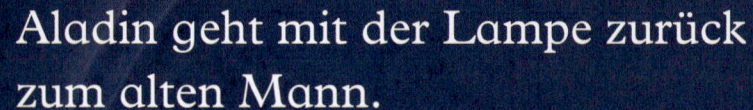

Aladin geht mit der Lampe zurück
zum alten Mann.

Hilf mir bitte hinaus.

Gib mir zuerst die Lampe!

Der böse Zauberer nimmt die Lampe
und macht schnell die Höhle zu. Aladin
und Alex sind noch in der Höhle!

ABRAKADABRA!
HÖHLE GEH ZU!

Aladin ist wütend. Aber Alex hat die
Lampe: Er hat sie dem bösen Zauberer
schnell wieder weggenommen!
Er gibt sie Aladin. Plötzlich
kommt etwas
aus der Lampe:
EIN GEIST!

Du hast drei
Wünsche frei.

3 *Meister! Meister!*

Du hast drei Wünsche frei.

Möchtest du ein Frühstücksei?

Möchtest du in einem Schloss leben?

Soll ich dir ein schwarzes Pferd geben?

Möchtest du schnell sein wie ein Hase?

Möchtest du eine wunderschöne Nase?

Meister! Meister!

Du hast drei Wünsche frei. ■

▶ 4 Aladin sagt seinen
ersten Wunsch.

Ich möchte in
einem schönen
Palast wohnen.

12

Der Geist bringt Aladin
und Alex in einen
schönen Palast.

OH!

Aladin besucht Prinzessin Bulbul und ihren Vater. Er möchte Prinzessin Bulbul heiraten.

Alle sind sehr glücklich. Aber halt:
Wer ist dieser Mann? Richtig, das ist der
böse Zauberer! Pass auf, Aladin!

Ha!
Aladin hat die
Zauberlampe!

Aladin und Bulbul wohnen im Palast.
Einmal ist Bulbul allein zu Hause. Ein alter
Mann kommt und zeigt Bulbul schöne,
neue Lampen. Pass auf, Bulbul …

Hast du eine
alte Lampe?

… das ist der böse Zauberer!

Prinzessin Bulbul zeigt dem alten Mann Aladins Lampe. Der alte Mann nimmt die Lampe und gibt der Prinzessin dafür eine neue Lampe.

Oh! Vielen Dank!

Oh nein! Jetzt ruft der böse Zauberer
den Geist.

Bring mich und
Bulbul und den Palast
nach Afrika.

18

Aladin kommt zurück. Wo ist der Palast?
Wo ist die Lampe? WO IST PRINZESSIN
BULBUL? Toni malt eine Landkarte in
den Sand.

Sie sind
in Afrika?
Los geht's!

Aladin und Alex und Toni fahren mit dem Schiff nach Afrika. Die Reise ist lang. 1 Tag, 2 Tage, 3 4 5 6 7 8 9 10. Aladin liest, spielt Gitarre und singt Lieder über Prinzessin Bulbul.

Alex sitzt auf Aladins Hut. Er mag das Meer nicht. Toni sitzt neben Aladin. Er blickt auf das Meer und sieht schon Afrika!

Aladin, Alex und Toni kommen in
Afrika an. Sie suchen den Palast.
Sie suchen und suchen und nach
vielen Tagen finden sie ihn endlich!

„Psst", sagt Aladin zu Toni und Alex.
Leise gehen sie zum Palast
und sehen Prinzessin Bulbul.
Alle vier sind sehr glücklich!
Alex bringt Bulbul ein
Schlafmittel.

Das Schlafmittel
ist für den
Zauberer!

Der böse Zauberer schläft. Aladin sagt
seinen zweiten und dritten Wunsch.

Wir möchten
nach Hause.
Und du sollst
frei sein.

Von jetzt an leben Aladin, Prinzessin Bulbul, Alex, Toni und der Geist alle zusammen glücklich in Aladins Palast.

Spielen und Lernen

1 Verbinde die Figuren mit den Tieren.
Schreibe die Wörter unter die Bilder.

> Bulbul   Eidechse Leila   ~~Affe Alex~~
> Tiger Toni   böser Zauberer   ~~Aladin~~

1 ☐

Aladin

a

2 ☐

_____

b

Affe
Alex

3 ☐

_____

c

_____

2 Kreuze die Obstsorten an, die du auf den
Seiten 2/3 siehst.

☐ Banane   ☐ Traube   ☐ Mango

☐ Ananas   ☐ Zitrone   ☐ Orange

☐ Wassermelone   ☐ Apfel   ☐ Birne

Suche im Buchstabengitter acht Wörter und setze sie in den Text ein (ü = ue).

R	X	M	L	S	S	W	G
W	U	E	N	S	C	H	E
F	E	I	N	S	H	A	K
N	A	S	E	X	L	S	F
J	M	T	R	R	O	E	R
P	F	E	R	D	S	I	E
G	Q	R	S	M	S	L	I

Meister! _Meister_ !

Du hast drei _____ frei.

Möchtest du _____ Frühstücksei?

Möchtest du in einem _____ leben?

Soll ich dir ein schwarzes _____ geben?

Möchtest du schnell sein wie ein _____?

Möchtest du eine wunderschöne _____?

Meister! Meister!

Du hast drei Wünsche _____ .

4 **Finde die 6 Unterschiede. Schreibe die Sätze fertig.**

1 Auf Bild 1 gibt es _____ Spiegel, auf Bild 2

_____.

2 Auf Bild 1 gibt es _____ Lampe, auf Bild 2 sind es

_____.

3 Auf Bild 1 gibt es _____ Stühle, auf Bild 2 sind es

_____.

4 Auf Bild 1 gibt es _____ Teppiche, auf Bild 2

_____ _____ _____.

5 Betrachte die Bilder und lies die Sätze.
Verbinde die Bilder in der richtigen Reihenfolge.

Aladin hat
die Lampe.

Der Affe nimmt
die Lampe.

Die Lampe ist
unter einem
Teppich.

Die Lampe
ist wieder
bei Aladin.

Der böse Zauberer
bekommt die
Lampe.

Der böse Zauberer nimmt
die Lampe.

6 Ein Geist sagt zu dir: „Du hast drei Wünsche frei!" Zeichne einen Wunsch und schreibe drei Wünsche auf.

Mein erster Wunsch: _____

_____

Mein zweiter Wunsch: _____

_____

Mein dritter Wunsch: _____

_____

7 Gefällt dir die Geschichte? Zeichne dein Gesicht.

= Die Geschichte gefällt mir sehr gut.

= Die Geschichte gefällt mir gut.

= Die Geschichte gefällt mir ziemlich gut.

= Die Geschichte gefällt mir nicht.